Cadwyni Rhyddid

Grahame Davies

Cyhoeddiadau
Barddas

Argraffiad cyntaf — 2001

© Grahame Davies 2001

ISBN 1 900437 43 0

Y mae Cyhoeddiadau Barddas yn gweithio gyda
chefnogaeth ariannol Cyngor Celfyddydau Cymru,
a chyhoeddwyd y gyfrol hon gyda chymorth y Cyngor.

Cyhoeddwyd gan Gyhoeddiadau Barddas
Argraffwyd gan Wasg Gwynedd, Caernarfon

I
HAF AC ALAW,
plant y Gymru newydd

Diolchiadau

Ymddangosodd nifer o'r cerddi hyn yn *Barddas*. Yn ogystal, cafodd 'Rhinwedd' a 'Newid Byd' eu cyhoeddi gyntaf yn *Tu Chwith*, 'Tomb Raider' yn *Golwg*, 'Blues Pontcanna' a 'Dynion Oddi Cartref' yn *Taliesin*, a 'Rough Guide' yn *Poetry London*. Hoffwn ddiolch i'r golygyddion am eu cyhoeddi yn y lle cyntaf ac am ganiatâd i'w cynnwys yn y casgliad hwn. Carwn ddiolch yn arbennig i Alan Llwyd am ei gefnogaeth drwy Barddas, ac am lywio'r gyfrol hon drwy'r wasg.

Cynnwys

Cadwyni Rhyddid

'Rwyt ti'n 'nabod Cerys Mathews; 'rwyt ti'n 'nabod
                    Dafydd Êl,
ac ambell uwch-gyfryngi fu – unwaith – yn y jêl;
ond ni wyddost ddim am hanes na thras dy ddynes llnau,
am nad oes gan Dreganna ddiddordeb yn Nhrelái.

'Rwyt ti'n gyrru BMW; 'rwyt ti'n teithio'r byd ar iót;
'rwyt ti'n casglu lluniau Kyffin, sy'n costio kyffin lot;
ond os ehedi ambell dro i siopau'r U.S.A.
ni fentri ddeuddeng milltir 'lan i Gymoedd llwm y de.

'Rwyt ti'n gwario mwy ar steil dy wallt na phensiwn mis
                    dy nain;
os clywi sôn am Galvin, 'rwyt ti'n meddwl 'Calvin Klein';
ond ni wyddost ddim am Gymru y Gurnos a Phen-rhys,
na beth yw chwennych dillad smart ond methu fforddio'r
                                        pris.

'Rwyt ti'n sôn am Efrog Newydd; 'rwyt ti'n dwlu ar y lle,
ond sonia am *Dredegar* Newydd, yna: 'Sori, ble?'
Ni wyddost ddim am Gymru Queen's Park a Sgubor Goch
na chrafu byw drwy garthu sbwriel Saeson Aber-soch.

'Rwyt ti'n dawel falch fod gennyt gyfeillion brown neu ddu,
ni ddaw cyhuddiad hiliaeth yn agos atat ti:
na hidia mai caethweision sy'n tyfu bwyd dy fwrdd,
a nhwythau'n frown neu'n groenddu – maen nhw'n ddigon
                                        pell i ffwrdd.

'Rwyt ti'n dangos cerflun Bwda, a phoster Tibet Rydd,
llond eglwys o ganhwyllau del – y fflamau heb y ffydd;
ond wrth ddylunio'r *ambience* a threfnu dy *feng shui*,
cofia'r di-waith, digartre', dibopeth. Cofia nhw.

Lansio Llyfr Datganoli
yng Ngwesty'r Parc, Caerdydd, 1999

I fynd i fewn rhaid ciwio yn y stryd
   yn rhes hir amyneddgar fesul pâr,
ac yn y cyntedd hefyd maen nhw'n fflyd,
   yn neidr o uchelgais fyny'r sta'r.
Ac 'nawr rhwydweithio, cyfarch, sgwrsio'n glên
   a chwilio am gydnabod, ysgwyd llaw,
a'r llygaid chwim yn sganio'r dorf â gwên
   am unrhyw un defnyddiol 'falle ddaw.
Ble'r oedd y rhain, brin ddeunaw mis yn ôl?
   Rhyw ugain yng Nghaerdydd a ddaeth ynghyd,
i herio gormes gyda'u gobaith ffôl
   y gall rhyw ddyrnaid ffyddlon newid byd.
Mae'n rhyfedd faint o Gymry sy'n y wlad,
a faint o arwyr sy' 'na *wedi*'r gad.

I'r Saeson a Bleidleisiodd 'IE'

Fe gawsoch ffordd drwy ddrain rhagfarnau'ch hil
   at ochor gelyn. Rhoesoch heibio fri
a goruchafiaeth eich llwyddiannau fil
   i godi baich ein gorthrwm gyda ni.
Chwi genedl-ddynion cyfiawn, daeth eich awr,
   pan oedd y giatiau ar y geto'n cau;
torasoch furiau'ch hunan-les i lawr
   a phechu cyfraith rhaib er mwyn rhyddhau.
Cofiwn am hyn pan soniwn, maes o law,
   wrth blant na wyddant ddim ond bod yn rhydd,
am sut y cadwyd ein difodiant draw
   â chymorth Saeson. Soniwn am y dydd
pan fu i rym, drwy groes, ddiddymu poen,
pan ddaeth y llew i orwedd gyda'r oen.

Rhy Hwyr

Fe'm twyllaist yn y diwedd, Gymru, 'n do?
  A mi, ers dyddiau fy llencyndod pell,
yn barod am yr aberth dros fy mro,
  am Benyberth personol, am y gell.
Ar ôl rihyrsio'n barod at fy awr
  yn nrama dy achubiaeth di ryw ddydd,
ni chefais lwyfan ar y noson fawr
  pan ddaethost, heb fy nghymorth i, yn rhydd.
Be' wna' i 'nawr, a minnau yn y wlad
  na thybiais fyth y gwelwn hi'n fy myw,
yn filwr a oedodd ormod cyn y gad,
  yn ferthyr a esgusodwyd gan ei Dduw?
Fe'm hamddifadwyd – 'rwy'n wynebu oes
o deimlo'n hanner dyn am fethu'r groes.

Rhyddid

Golygfa Un: Tŷ yn ardal Pontcanna, Caerdydd.

Sgwria fe ymaith, yr hen baent gwyn,
o'r drysau, o'r sgertins, o'r lloriau.
Stripiwch bob celficyn pren yn lân,
nes bod graen syml y coed yn sgleinio.

Fel hyn mae'n rhaid i bethau edrych
yn ein geto digyni.

Mae'n warthnod yma fod â phaent ar bren,
mae'n ei wneud yn blaen i bawb eich bod yn bleb,
yn methu'n lân â chreu'r effaith ddyladwy –
bod eich cartref yn dŷ-fferm diffwdan
ac mai damwain yn unig yw ei leoliad
mewn ardal ffasiynol yng Nghaerdydd.

Gan hynny, sgwriwn yr hen baent ymaith
gyda'n harfdy o offer:
asid, crafwyr, papur tywod,
peiriant sandio, gynnau gwres.
Dyma, bellach, ein brwydr ddycnaf:
nid paentio'r byd yn wyrdd –
gwaredu'r byd o baent.

Gwariwn gyllid blwyddyn papur bro
i foeli lloriau ein llofftydd moethus;
buddsoddwn werth coron 'Steddfod
i stripio estyll ein ceginau ffug-werinol.

Petawn i'n sgwrio f'enaid mor lân,
mor syml,
mi fyddwn yn sant.

Nid moeli'r ysbryd mwyach,
ond moeli pren 'rŷm ni.

Yn crafu, nes bod croen y coed yn noeth
fel diniweidrwydd wedi'i adfer,
nes bod y graen yn eglur i'n golwg
fel gwirionedd.

Dyma'r agosa' y down ni bellach
at ddod yn ôl at ein coed.

Golygfa Dau: Yr un tŷ, bore Nadolig.

Pwy yw'r rhain sy'n dod
allan o'u blychau gwyn?
Tair Barbie anorecsig a wnaed yn y Trydydd Byd,
ac un ohonyn nhw'n ddu, yn brawf o'n heangfrydedd.

A hyn? Llyfr bach o weddïau, yn diolch am fendithion
nas profwyd gan y Tseineaid a'i hargraffodd.

A hyn? Gwaith dwylo'n gwerin anweladwy –
peiriant fideo o Fietnam.
Fe'i defnyddiaf i ailwylio golygfeydd
y noson y daethom ni'n rhydd.

A hyn? Sebon digreulondeb i olchi'r gydwybod yn lân.

Wedi'r ystwyll, cyflawnwn ein dyletswyddau –
ailgylchwn goedlannau o gardiau elusen.

A degymwn o'n digonedd –
i dalu aelodaeth clybiau hamdden
i flingo bloneg y bywyd bras.

Golygfa Tri: Yr un tŷ. Nos.

Ni yw Cymry'r camcorder,
yn gwylio ar y sgrîn fin nos
weithgaredd ail-law ein hepil
yng ngofal eu nanis drud.
Darllenwn, a hwythau'n ddiogel yn eu gwlâu,
y cardiau dyddiol o'u meithrinfeydd preifat
sy'n dangos faint maen nhw'n ei fwyta
a sawl gwaith y buont yn y tŷ bach.

Fydde waeth inni gael *tamagochis* ddim.

Ni yw tylwyth y trwsus lledr, hil y sbectol haul.
Y rhai sy'n meddwl mai gormes
yw colli cytundeb cyfres deledu,
y rhai sy'n meddwl mai rhyddid
yw rhoi to eu BMW i lawr wrth grwydro'r Cyfandir,
y rhai sy'n meddwl mai aberth
yw dweud wrth begor y *Big Issue* tu fa's i'r opera
i gadw'r newid.

Ni yw Cymry'r diwylliant digidol;
yn ein parlyrau unffurf o chwaethus,
sgwrsiwn am gêbl, lloeren, a CD,
a'r Saesneg yn sisial y tu ôl i'r pared.

*Golygfa Pedwar: Hen warws a addaswyd
yn siop hen bethau.*

Mae'n gyflwr cyffredin, mi wn;
yn y ddinas *déracine,*
bod rhai a gefnodd ar gymuned
am gyflog, am gyfleoedd,
yn trefnu rhyw du-fewn tyddynnaidd
i'w cartrefi dau-gan-mil-o-bunnoedd,

fel pe bai'r ceginau pren,
y bathiau Fictorianaidd ffug,
rywsut yn costrelu, fel creiriau crefyddol,
werthoedd gwirionedd coll.

A 'rwyf i 'run fath;
yn fy nghael fy hun ar brynhawn o law
yn crwydro'r siopau creiriau
am sinciau enamel, llefydd tân haearn,
angenrheidiau'r dosbarth gweithiol gynt
yn awr yn addurniadau'r ariannog.

Talu am atgofion; gwario ar orffennol;
dodrefnu, â chelfi solet, ein byd disylwedd.

Mae holl gelfi'r cynhyrchiad i'w cael fan hyn:
dewiswch eich delwedd – plasty, gweithdy;
cymerwch eich cyfnod – *nouveau, deco,
retro, repro.*

A 'dyw'n poeni dim arna' i, mewn gwirionedd;
a'n gwareiddiad yn arwerthiant,
yn siop siafins, yn sêl-cist-car,
pa ots pa sborion atgofus a gasglwch,
pa drugareddau di-gyd-destun a heliwch i'ch amgylchynu.

Hysbysebion naïf y tridegau;
teganau tun y pumdegau;
lampau lafa'r saithdegau;
kitch, cachet, cashio-mewn.
'Dyw'n poeni dim arna' i,
ddim hyd yn oed i weld pulpudau capeli
a'u seddi di-saint
ar werth fel celfi cegin.
Poeni dim.
A'u dydd ar ben, pa ots eu hailgylchu?

Ond dyma, ar ben hen biano,
bentwr o flychau casglu'r deillion.
Blychau bach cardfwrdd gwyn,
yn dwyn ffoto o fachgen bach,
dwyflwydd, tair,
a'i lygaid fel rhai doli ynghau,
yn teimlo'u ffordd trwy fydysawd du.

Maen nhw'n saith bunt yr un.

Blwch bach cardbord a fu'n llawn ceiniogau cariad
yn awr yn gywreinbeth i'r cefnog
â'u rhoddion saith bunt seithug.

Mae gofal ar werth;
elusengarwch yn geriach i'w gasglu.

Pa bryd y tynnwyd y llun 'na, tybed?
Y pedwardegau, pumdegau, llai?
Fe all fod y plentyn yna'n dal yn fyw.
Os yw, mae un cysur i'w gael;
welith e ddim y pris ar ei brofedigaeth,
welith e ddim y ffordd yr ydym
wedi masnacheiddio moesoldeb,
troi tosturi'n destun siarad,
ac aberth yn *objet d'art*.

Golygfa Pump: Stiwdio deledu.

Mae'n byd ni'n garchar o gamerâu,
yn ddrysfa o ddelweddau,
gweld eraill drwyddynt,
gweld ein hunain ynddynt –
mae'n fwy real na realaeth.

Yng nghorneli'n 'stafelloedd byw steilus,
ffeithiau, ffantasi, dioddefaint, adloniant.

Yn y ddinas tu fa's, mae'r camerâu diogelwch
yn dilyn yn ddu-a-gwyn
y siopwyr, yn llwythog o'r sêls,
y jynci â'i fyd wedi'i grynhoi
i flaen nodwydd.

Yn ein meddyliau,
yr arolygu parhaus ar ein hunan-ddelwedd,
fel camera-cylch-cyfyng yn eich pen.

Golygfa Chwech: Lolfa'r tŷ ym Mhontcanna.

'Roeddwn i'n falch ohonot,
un o'm lluniau gorau,
un ddelwedd i ddarlunio gwaeledd gwlad:
merch fach ddwyflwydd mewn 'stafell wag
mewn cartref i amddifaid Rwmania.

'Roedd angen gwaith, wrth gwrs,
i ddangos pathos y gwrthrych,
i fframio'r ddelwedd yn gelfydd,
i'w rhwystro rhag taflu ei chorff dianwes
        i 'mreichiau,
i'w gosod yng nghanol y llawr,
rhwng rhesi'r crudau fel caetsys,
a'i llygaid yn edliw i'r camera
ddifaterwch y byd.

Celfydd iawn.

Ac 'ro'n i'n falch o 'mhroffesiynoldeb, hefyd,
yn peidio â mynd yn deilchion
        dros y gwrthodedigion bychain hyn,

y goedwig o freichiau gwag
	yn ceisio coflaid;
y lleisiau llwglyd yn crio
'Dadi, Dadi'.

Na. Nid yno i deimlo yr o'n i.
Ond i weithio.
I gipio'r ddelwedd, cael y stori,
i'r rhaglen, ac wrth gwrs,
i'r portffolio personol.

Dim ond ychydig fframau ar dâp fideo
fuost ti, ferch fach,
am flynyddoedd.

Nes imi dy weld di eto heno 'ma,
yng nghysur fy nghartref,
wrth i'm merch fach ddwyflwydd i,
dan gerydd tybiedig,
droi arnaf
dy lygaid cyhuddgar di.
Y Rwmanes ddideulu, ddieiriau;
fy nelwedd ddienw,
dim ond 'nawr, yng nghorff anwylyn,
y medraf dy weld yn glir.

Mae cystudd cyd-ddyn
yn troi ein cyfoeth yn gadwyn;
a rhai fel ti yn y byd,
rhannol yn unig yw'n rhyddid.
Edrychaist i fyw fy lens oer,
a chael, yn lle gofal, wrthrychedd;
yn lle help, hunan-les.

Amddifad anghofiedig,
fy mhlentyn i,
maddau imi.

Coch

Ti'n gosod yr olewyddion gyda'r *feta*,
    a rhoi'r *ciabatta*'n barod at y cwrdd,
agor y coch, a dyro'r gwyn i oeri;
    a chynnau'r gannwyll bersawr ar y bwrdd.

Rhyw *antipasti* bach i godi archwaeth,
    a chwlffyn o *baguette* o Ffrainc gerllaw:
rhyw beth fel hyn yw trafod achub Cymru
    yn C F Un ym mil naw nawdeg naw.

Tybed pa beth a wnâi o hyn, dy dad-cu,
    a heriodd garchar er mwyn Yncl Joe,
yr un a gadwodd faner goch y chwyldro
    i chwifio drwy dridegau'r pentref glo?

Yr un a aeth i Rwsia ar wahoddiad
    i dderbyn Sofietaidd ddiolch-yn-fawr,
a dod yn ôl â cherflun bach o Lenin,
    sy'n addurn uwch dy silff-ben-tân di 'nawr.

Yr un enynnodd lid y rhecsyn lleol
    am gyfarfodydd gweithwyr yn ei dŷ.
Tybed pa beth feddyliai ef o wyres,
    sy'n nashi dosbarth-canol bach fel ti?

Tybed yn wir. Ond merch dy dad-cu wyt ti:
    dau o'r un brethyn mewn gwahanol ffyrdd,
yn ceisio cuddio creithiau anghyfiawnder
    drwy baentio'r byd i gyd yn goch – neu'n wyrdd.

Rhinwedd

'Mae 'di marw,'
meddai'n hen gymydog parablus
wrth inni gyrraedd adre' ym Mhontcanna.
Un o hen drigolion y stryd ydy o,
ac yn 'nabod pawb.
'Pwy?'
'Y jiwboi 'na ar y gornel. Mae 'di marw.'
'Beth?'
'Y *jiw*boi 'na ar y gornel! Chi'n gwybod, yr hen ŵr 'na
yn y tŷ ola'. Mae 'di marw. Iddew oedd o.'
''Dwi'n gweld. Diolch am ddweud.'

A dyna wledd a gawsom dros ginio'r noson honno,
yn cyd-ryfeddu gyda'n ffrindiau at y cyntefigrwydd
a eilw ddyn dros ei bedwar ugain, dyn hŷn na'r
                                    llefarydd,
dyn a dreuliodd ei oes yn y rhan hon o Gaerdydd,
yn 'jiwboi'.
Uwch y gwin o Dde Affrica a'r *couscous*,
buom yn sawru'r anghydnawsedd;
a thros y cyw iâr *creole*,
bu blas ar y blagardio,
ac wrth oedi dros y *raithas*,
sugnwn bob defnyn o hunan-fodlonrwydd,
nes eistedd yn ôl yn llawn dop o ddicllonedd.
Achos, mae un peth yn sicr:
beth bynnag arall a fo,
'dydyn *ni*, o leia', ddim yn hiliol.

Drannoeth, 'roedd y dicter cyfiawn
yn dal yn atgof melys,
wrth ymlwybro drwy stryd fawr Treganna,
gydag amnaid i gyfarch y dynion yn dychwelyd
o'r mosg,
a galw heibio'r siop Indiaidd
ar siawns bod bargen ymhlith y *bhajis*.
Na, diolch i Dduw, 'dydyn ni ddim yn hiliol.

Barus, efallai, ie. Mae hynny'n wir.
'Rwy'n gwario digon yn Tescos bob wythnos
i fwydo pentref yn Ethiopia.
Byddai'n gwariant gwin mewn blwyddyn
yn achub degau o blant o strydoedd Brasil.
Ond galwn beth felly yn llwyddiant.

Di-hid, efallai. Ie.
Cawn weld ar y sgrîn bob nos
anghyfiawnderau pob cyfandir,
y llygaid llwglyd yn syllu i'r lens,
y llwyni'n llosgi i ad-dalu'n llog,
y ffoaduriaid yn ffoi rhag ein ffrwydron –
a phwyswn y botwm er mwyn myned ar y sianel
arall heibio.
Ond galwn beth felly yn chwyldro gwybodaeth.

Chwantus, efallai. Mae'n debyg.
Ar boster a phapur a ffilm,
mae pob gwên yn wahoddiad,
pob geneth yn gnawd;
trech dengarwch na dyngarwch,
a nwydau nag eneideg.
Ond galwn beth felly yn rhyddid.

Dioglyd, efallai. Am wn i.
Trowyd diogi'n ddiwydiant,
a'i alw'n 'hamdden'.
Cenfigennus, efallai. Os mynnwch.
Trowyd cenfigen yn egwyddor
a'i alw'n 'uchelgais'.
Creulon, efallai. Iawn.
Trowyd creulondeb yn gelfyddyd
a'i alw'n 'onestrwydd'.

Ailddosbarthwyd pob anair
fel 'angen'.
Cymerwyd ffeil 'ffaeleddau';
a'i hailenwi'n 'hawliau';
Cawn osgoi pob pechod drwy'i ailesbonio;
a thrwy ailddiffinio'n diffygion, fe'n perffeithir.

Rhwygwyd 'gwarth' fel rheg o'n geirfa.
Mwynhawn holl ddrygau hanes
a thelyn ein cydwybod un-tant yn llonydd.
Achos, yn ein byd dibroffwyd, dibryder
dim ond un pechod sydd,
sef yr un nad yw'n ein siwtio ni i'w gyflawni.
Er gweithredu ar ein gwendidau i gyd,
ac ildio'n foddhaus i bob awydd,
cawn gysgu'n dawel dan ein *duvets* patrwm-ethnig
gan wybod fod un peth yn hollol, hollol sicr –
'dyn ni *ddim*, yn bendant *ddim*, yn hiliol.

Rough Guide

Mae'n digwydd yn anorfod,
fel dŵr yn dod o hyd i'w lefel,
ond bob tro yr agoraf lawlyfr teithio
'rwy'n hwylio heibio i'r prifddinasoedd
a'r golygfeydd,
ac yn tyrchu i strydoedd cefn diolwg
y mynegai,
a chael fy mod
yn Ffrainc, yn Llydawr;
yn Seland Newydd, Maori;
yn yr Unol Daleithiau – yn dibynnu ar ba ran –
'rwy'n Nafajo, yn Cajun, neu'n ddu.

Y fi yw'r Cymro Crwydr;
yn Iddew ymhob man.
Heblaw, wrth gwrs, am Israel.
Yno 'rwy'n Balesteiniad.

Mae'n rhyw fath o gymhlethdod, mae'n rhaid,
fy mod yn codi'r grachen ar fy *psyche* fel hyn.
Mi dybiaf weithiau sut brofiad fyddai
mynd i un o'r llefydd hyn
a jyst mwynhau.

Ond na, wrth grwydro cyfandiroedd y llyfrau teithio,
yr un yw'r cwestiwn ym mhorthladd pob pennod:
'Dinas neis. 'Nawr ble mae'r geto?'

Y Ferch o Blwy Pontcanna

(ar dôn *Y Ferch o Blwy Penderyn*)

'Rwy'n caru merch o blwy Pontcanna
  ac yn ei chanlyn ers Cyfres Un.
Ni fynnwn garu â'r un ferch arall,
  er pan roddais hi ar y sgrîn.
Y mae'n ddigon hawdd i'w gweled
  er nad yw ei dawn ond bach,
ar Sianel Cymru unrhyw noson
  neu glwb y Cameo yng nghwmni'r crach.

Wrth yfed *cappuccino* heddiw
  yng Nghaffi Brava cyn mynd i'r gwaith,
mi glywais dôn fy ffôn symudol
  yn tiwnio'n uchel ac yn faith.
Neges gan f'ysgrifenyddes
  fod y ferch 'rwy'n ei charu'n driw
yn martsio'i thrwsus lledr fory
  i gwmni arall os bydd hi byw.

'Rwy'n myned heno, sbîd a'm helpo,
  i yfed ffarwel i'm seren fach
a dyna waith i'r bownsar heno
  fydd 'nhaflu mas o Glwb Ifor Bach.
Gyda'i eiriau'n iaith y nefoedd
  uwch fy nghorff yn fflat ar lawr:
'Paid meddwl bod ti'n rhywun, washi,
  jyst am fod gen ti waled fawr.'

Newid Byd

'Rwy'n gweld eu heisiau'n aml erbyn heddiw,
y pethau a fu imi'n ffordd o fyw,
cyn ennill arian mawr – a cholli acen,
cyn newid byd, cyn galw secs yn rhyw.

Teithio ar fws a 'nabod pawb oedd arno,
a thrwsio'ch *Ford Cortina* yn y stryd,
gwneud *pools* pêl-droed, a bwyta yn y lolfa,
a darllen *Sunday People* ar ei hyd.

Merched â chylchoedd aur mawr fel clust-dlysau
a'r newid yn y lliw yng ngwreiddiau'u gwallt;
talu am ddillad newydd fesul wythnos
a gwneud yn sicr fod dy *chips* yn hallt.

Y rhost dydd Sul a ddaeth mewn bag â grefi
i'w ferwi yn ei blastig; yfed te
â siwgwr; pan oedd cael mynd ma's am ginio'n
golygu cerdded i 'nôl têc-awê.

Y rhegi rhydd wrth wylio gêm o ffwtbol,
y smac yn Kwik Save pan fyddai'r plant yn ddrwg,
a threulio pnawniau Sadwrn yn y dafarn
a phob golygfa'n felys gyda mwg.

Wrth wylio opera 'nawr neu yfed gwinoedd,
'rwy'n gweld eu heisiau heddiw'n aml iawn,
y dyddiau pan oedd gêm bêl-droed yn bopeth,
a phan oedd cwrw yn fy ngwydr llawn.

Blues Pontcanna

Mi alwodd rhywun *'yuppie'* ar fy ôl i,
wrth ddod yn ôl o'r deli gyda'r gwin;
'rwy'n methu ffeindio'r fowlen *guacamole*,
ac 'nawr 'rwy'n ofni y bydd fy ffrindiau'n flin.
Anghofion nhw fy nghredit ar y sgrîn.
'Does neb yn gwybod fy nhrafferthion i gyd,
'does neb i 'nghanmol heblaw fi fy hun.
Mae *blues* Pontcanna yn diflasu 'myd.

Rhaid mynd i'r ddinas, ond y trwbwl yw
mae'n beryg parcio'n rhywle heblaw'r gwaith,
rhag ofn i'r iobiau grafu'r BMW
ac i ugain mil o gar ddiodde' craith.
Dim byrddau yn *Les Gallois* ar ôl saith.
Baglais dros ddyn digartref yn y stryd.
'Dyw 'nynes llnau i ddim yn medru'r iaith.
Mae *blues* Pontcanna yn diflasu 'myd.

'Dyw'r un o'm ffrindiau wedi gweld fy lluniau
yn *Barn*, er imi'i roi'n y stafell fyw.
Y bore 'ma, mi glywais ddyn y biniau
yn dweud ystrydeb hiliol yn fy nghlyw.
Mae rhywbeth mawr yn bod ar fy *feng shui*.
Mae'r gath 'di bwyta'r *anchovies* i gyd.
Mae *Golwg* wedi 'mrifo i i'r byw.
Mae *blues* Pontcanna yn diflasu 'myd.

Mae'n artaith bod yn berson creadigol
ac Es Ffôr Si yn talu'r biliau i gyd,
a neb 'di galw ar fy ffôn symudol.
Mae *blues* Pontcanna yn diflasu 'myd.

Hanner Amser, y Flwyddyn 2000

Wel mae'n hanner amser yn y gêm yma rhwng Cymru All Stars
ac England United. Gadewch inni gael sylwadau cyn-reolwr
Cymru, Dewi Sant.

Dewi...

Wel, 'roedd hwnnw'n fileniwm caled i ni.
Fe wnaethon ni rai camgymeriadau cynnar;
'doedd Gwrtheyrn ddim yn ddewis da yn y gôl.
Mae bob amser yn eu gadael nhw mewn.

Aethon nhw ar y blaen yn gynnar,
ond ar y cyfan 'roedd ein hamddiffyn yn gryf,
yn enwedig y *centre half,* Rhodri Mawr.
Ac am chwarae'r rheol camsefyll,
'roedd Hywel hefyd, ar y cyfan, yn Dda.

O ran y blaenwyr, cafodd Llywelyn gêm gymysg.
Mae ei ymroddiad yn dda, ond
mae'n tueddu i golli ei ben.

I fi, y *man of the match* hyd yn hyn
yw'n *midfield general,*
Glyndŵr –
am ddod â ni'n gyfartal.

Ond yn fuan wedyn 'roedden ni ar ei hôl hi eto'n syth.
Ergyd gan eu rhif saith nhw.
Ac wedyn ein tîm cyfan yn cael carden felen
a chael ein rhoi yn y llyfr glas
am ddefnyddio iaith anweddus.
Yr unig beth a'n cadwodd ni yn y gêm
oedd gwaith caled William Morgan yng nghanol cae,

ac wedyn ymosodiadau Gwynfor lawr yr asgell chwith,
a Saunders lawr yr asgell dde, yn rhoi'r cyfle i Big Ron gael
yr *equaliser* arall 'na jyst cyn hanner amser.
Trueni iddo gael ei hel o'r cae yn syth wedyn.

Yn yr ail hanner, hoffwn ein gweld ni'n chwarae gyda
                                        mwy o hyder.
Ac os oes angen, hoffwn i weld Arthur yn dod *off* y fainc.
'Doedd y mil o flynyddoedd 'cynta' 'na ddim yn rhai da
                                                i ni.
Ond mae'n rhaid cofio:
mae'n gêm o ddau fileniwm,
a'r tro hwn, rhaid i *ni* fynd ar y blaen.

Wydden Ni Ddim

(I gefnogi Ymgyrch Jiwbilî 2000 i ddileu dyled
y Trydydd Byd i wledydd cyfoethog y Gorllewin)

'Wydden ni ddim.'
Dyna be' ddwedson nhw,
yr Almaenwyr wedi'r rhyfel.

'Wydden ni ddim,' medden nhw.
'Mai i'w difa 'roedd yr Iddewon yn mynd.
Eu hailsefydlu –
dyna a ddywedwyd wrthon ni fyddai'u tynged.'

Y miliynau'n diflannu fesul teulu,
fesul trên o deuluoedd,
o bob *heimat* yn y *Reich*,
heb yr un neges fyth yn cyrraedd 'nôl
i'w cyn-gymdogion o genedl-ddynion.

'Wydden ni ddim.'
A hwythau'r Aryaid yn meddiannu fflatiau gwag
Mrs Cohen gyferbyn,
Mr Abraham drws nesa',
y teulu Rosenberg 'lawr sta'r.

'Wydden ni ddim.'
A'u gwladwriaeth yn pesgi, yn chwyddo ar gasineb,
a ffieidd-dra'n ffrydio heb 'run gair croes
o bosteri, o'r wasg, o'r sinemâu.

Ninnau, yn gyfiawn, a ofynnwn 'nawr
i'r genhedlaeth benwyn benydiol,
y cwestiwn i'w didoli'n deidi
yn Schindler neu'n Eichmann:
'Be' wnaethoch chi i'w atal?'

Cwestiwn da.

Ond beth pe gofynnid i ni,
yn benwynion y trydydd mileniwm,
gan ryw genhedlaeth lân-ei-chydwybod,
be' wnaethon ni i'w atal, anfadrwydd ein hamser ni?

Wel, wydden ni ddim.
Wydden ni ddim y gellid eu helpu,
y sgerbydau ar y sgrîn bob nos.
'Roedd o i gyd mor bell – Affrica, Asia.
Be' allswn ni fod wedi'i wneud?

Wydden ni ddim.
Nid ni oedd yn gyfrifol,
ond eu llywodraethau di-drefn nhw,
yn llwgu eu pobl eu hunain.
'Oedd o'n drist. Wrth gwrs 'oedd o'n drist.
Ond be' fedran ni mewn difri' ei wneud?
Pa les fuasai dagrau'n tosturi
yn anialwch annherfynol eu hanffawd?

Wydden ni ddim.
Ie, 'roedden ni'n gyfforddus,
yn gyfoethog os mynnwch,
ond wydden ni ddim mai nhw oedd yn talu.

Wydden ni ddim, bryd hynny,
am y caethion yng ngefynnau'r Gorllewin,
a slafiai i lenwi'n siopau â nwyddau rhad.

Wydden ni ddim am ddolenni dyled
yn cadwyno cyfandiroedd.
'Gwledydd yn datblygu'
– dyna be' ddywedwyd wrthon ni yr oedden nhw.

Wydden ni ddim
am ein llog yn llindagu llwythau,
am ein husuriaeth yn ysu fforestydd glaw,
am y plant yn ad-dalu baich ein benthyciadau
â'u dagrau a'u boliau gwag.

Wir i chi,
wir i chi.

Wydden ni ddim.

Dewisiadau

Dau beth a ddymunwn.
Dau brofiad a fynnwn i'm rhan:
y baricêd er bywyd gwell
neu'r gell i buro anian.

Dau beth a chwenychwn.
Dau gyflwr a ddeisyfwn i:
gornest â gelyn fy oes
neu'r croesbren a'r ymgolli.

Un peth na ddymunwn i.
Un stad na fo imi'n ffawd:
y tir canol, y bywyd clyd
a hawddfyd a chyfaddawd.

Hunan-aberth

'Rwy'n gallu mwy na hyn, fy Arglwydd Dduw;
  'rwy'n gallu mwy na'r bywyd tawel hwn.
A fynni ferthyr? Dangos imi'r ciw.
  A fynni filwr? Dyro imi'r gwn.
Rhywbeth a allai gostio 'mywyd im
  – heb boen ormodol – dyna fyddai'n braf;
rho her beryglus – a chyhoeddus – chwim,
  terfynol, ac arwrol, ac fe af.
Na, ni chaf herio braw i synnu'r byd;
  na dringo baricêd y frwydr fawr,
dim ond gwneud ebyrth anweledig mud
  a marw dros egwyddor fesul awr,
a neb yn canmol. Arglwydd, 'rwy'n tristáu –
aberthu'r hunan heb y camerâu.

Sbwriel

Wrth yrru tua'r swyddfa,
  mi'u gwelaf lawer tro
yn casglu sborion neithiwr
  a chlirio llwybrau'r fro;
a phob dydd Sadwrn hefyd,
  wrth siopa yn y dre',
mi'u gwelaf eto'n clirio
  gweddillion têc-awê.

Na, nid oes clod i'w llafur,
  na glamor yn y byd,
ond cenfigennaf wrthynt
  pan basiwn yn y stryd;
a minnau heb fodolaeth
  os na chawn weld o hyd
fy adlewyrchiad sgleiniog
  yn ffenest siopau drud.

Ie, cenfigennaf wrthynt,
  a phe cawn ddewis rhydd
mi gyfnewidiwn yrfa
  â'r rheiny unrhyw ddydd,
nid er mwyn achub f'enaid
  nac ennill gwobrau'r ne',
dim ond er mwyn cael gadael
  y byd yn lanach lle.

Porth Menin[1]

Bob nos am wyth mae'r heddlu
  yn atal traffig bro
a gosod treigl amser
  o dan arést dros-dro,
i drwmped alarnadu
  y miloedd aeth i'w hedd
yn naear leidiog Fflandrys
  a neb i nodi'u bedd.

Y rhai o bob cyfandir,
  yr hanner-canmil coll
y codwyd pyrth anferthol
  i ddal eu henwau oll.
Y fyddin oer ddifeddau
  y cofir am eu cur
bob nos drwy fferru amser
  â nodau'r trwmped clir.

Na, 'nid yw teyrnged trwmped
  yn c'wiro unrhyw gam,
na chân yn adfer colled
  na lleddfu galar mam.
A 'does dim rhaid f'atgoffa
  mai gwastraff gwyllt oedd hwn,
y dioddef, yr anobaith,
  y clwyfau – gwn, mi wn.

Ond wrth i finnau'r twrist
  fynd ymaith 'lawr y stryd,
a cherdded heibio'r siopau
  sy'n llawn o foethau'r byd,
fe genfigennais wrthynt,
  y meirw ar y maen,
am iddynt ganfod gelyn
  a'i gael ef yno o'u blaen.

Am iddynt fynd i'r afael,
  y fyddin yn y baw,
â drwg 'roedd modd ei ddeall
  a'i deimlo yn y llaw.
Am iddynt herio angau
  a gweld y byd mor glir
â'r bidog yn eu dwylo
  a'r enwau ar y mur.

---

[1]Cofeb ryfel yn Ypres yng Ngwlad Belg yw Porth Menin. Ar ei muriau, gwelir enwau'r hanner can mil o filwyr y Gymanwlad a fu farw yng nghyffiniau Ypres ac sydd heb fedd. Bob nos ers agor y gofeb, sy'n rhychwantu'r ffordd i Menin, bydd aelodau'r frigâd dân leol yn canu'r Post Olaf o dan y porth.

Achos

O Dduw, rho imi reswm
  i farw ac i fyw.
Rho fyddin imi'n deulu;
  rho elyn imi'n driw.

Rho ddrygau'n glir o 'mlaen i;
  rho arfau yn fy llaw;
rho reswm imi golli'r byd
  er mwyn y byd a ddaw.

Rho chwalu'r clydwch marwaidd,
  rho ddryllio 'nghysur drud,
rho alwad at yr aberth
  a wneir er newid byd.

Rho ryfel sanctaidd, syml;
  Arglwydd y Lluoedd, clyw,
a dyro imi reswm
  i farw ac i fyw.

Y Golau yn y Gwyll

Mae 'na leoedd sy'n cuddio marwolaeth,
fel pe bai'n embaras, yn rhy ddi-chwaeth,
maestrefi sy'n celu'r hen fynd a dod;
a bröydd bras lle nad oes angau'n bod.

Ai bendith, ai melltith yw byw'n ddi-hid,
heb deimlo'r distryw sy'n stelcio'r stryd?

Mewn stad rhwng nef a daear, ar y bryn,
uwchben y Cwm, mae'n hoffi'r lleoedd hyn.
Y llwch ar frest, neu'r haint mewn waliau llaith,
canser mewn paced, nodwydd yn y graith.

Ai bendith, ai melltith yw byw mewn byd
sy'n garchar i'ch gobeithion i gyd?

Os mynni sialens, dere 'lan y Cwm
i stad Pen-rhys ar ben y mynydd llwm.
Os oes 'na obaith, hwn yw dy gyfle di;
os oes goleuni, wel, goleua ni.

Ai bendith, ai melltith yw byw o hyd
dan ddedfryd marwolaeth heb wybod pryd?

★　★　★

Unwaith, dyheais am sicrwydd,
a'i gael:
suddo mewn môr o arswyd
gan ymbalfalu am y lan,
nes cael, yn sydyn,
fy mod drwy'r amser
yn sefyll ar y graig.

Unwaith, bûm yn byw mewn sicrwydd,
mor ddibechod â charreg,
mor syth â Pharisead.

Unwaith, syrffedais ar sicrwydd,
ar y du-a-gwyn annigonol,
a'r deddfu anoddefgar.

Unwaith, broliais f'*an*sicrwydd,
y Drefn anhrefnus,
y Ffydd heb ddiffiniad,
a rhyddid y galon sy'n rhoi.

Unwaith, gwelais angau:
fy mhlentyn hyna' dan risiau'r fflatiau,
a'r nodwydd yn sownd yn ei rydwelïau.
Ac er gwaetha'r holl ryddid,
ac er gwaetha'r holl gariad
– neu efallai o'u herwydd hwy –
dyheais am sicrwydd drachefn.

★ ★ ★

Ein Harglwyddes o Ben-rhys gerbron y stad,
ceisiais gysur – a'th gael yn gerflun rhad.
Gweddïais am arwydd, darlun, meddwl, gair
– a'th gael yn ddelw oer o'r Forwyn Fair.

Fe roddwn bopeth, aberthwn bopeth sydd,
i ffeirio'r düwch hwn am olau ffydd
– a'r fflach o obaith yn diffodd yn fy mhen,
matsien yn methu mewn cell heb ocsigen.

★ ★ ★

Cardbord rhad o siop Mr Patel,
sy'n geto un-dyn dan gaeadau metal
ar ganol y stad.
Lluniaf dy adain angel ma's o hyn.
Tinsel gan d'athrawes feithrin,
sy'n ei glymu gartre' am geiniog y rhaff
i gwmni o bant.
Addurnaf adain i'th sioe Nadolig 'da hyn.

Can o baent aur o garej cymydog,
a fu'n coluro wyneb ei BMW hen –
chi'n neb fan hyn heb BMW,
'waeth pa mor rhydlyd.
Lliwiaf dy adain euraid 'da hyn.

A chareiau a dynnwyd o *status symbol* arall
– hoff bâr o dreinars dy frawd.
Fydd e ddim yn eu mo'yn nhw 'nawr,
a'i ras e ar ben.
Clymaf dy adain ymlaen 'da'r rhain.

Dy bedwerydd Nadolig; casglaf sborion tlawd
i wisgo anllygredigaeth am dy gnawd.

★ ★ ★

O Ffynnon Fair cei weld y cwm yn wyrdd,
heb weld y caniau gwag ar ochrau'r ffyrdd;
cei synnu at dy *garitas* dy hun,
yn caru miloedd, heb adnabod un.

O Ffynnon Fair, cei weld ar derfyn dydd
y goleuadau ffyrdd yn llaswyr ffydd,
yn rhwydwaith gofal sydd yn uno bro;
cei gredu bod 'na drefn i'w chael – dros dro.

O Ffynnon Fair cei weld y cwm i gyd,
a dilyn dy orffennol drwy bob stryd;
man genedigaeth, man priodas, man...
Weithiau mae'r gwynt yn brifo'r llygaid gwan.

★ ★ ★

Mae gobaith yn f'osgoi bob tro,
fel llencyn pwdlyd;
yn y bore mae'n mynd ma's tan y nos;
yn y nos, mae'n cysgu tan yn hwyr y bore;
o'r tŷ, mae'n dal y bws i'r dref;
o'r dref, mae'n cerdded 'lan y bryn i'r tŷ.

Daliaf i chwilio amdano,
fel un yn disgwyl am Richey'r *Manics*,
gan obeithio cyfarfod ag e rownd y gornel nesa'.

★ ★ ★

Rhyw lwyfan unwaith eto ydyw'r bryn
   i'm hymson gwag wrth ddisgwyl llen y nos;
ers llawer dydd bu'r creigiau caled hyn
   yn gwrando 'nghyfrinachau ar y rhos.
Petaen nhw'n becso. Wela' i 'run iot
   o brawf fod Duw ym *machina* ei greu
yn barod i ymyrryd yn y plot
   ac atal y dinistriwr rhag dileu.
Ac eto, dyna 'ngweddi. Oni ddaw
   rhyw gyfarwyddyd awdur? Ddaw 'na ddim.
Ond teimlaf bwysedd ysgafn ar fy llaw –
   bendith fyrhoedlog pili-pala im.
Mi ymestynnais law i geisio Duw
a chael cyffyrddiad adain glöyn byw.

★ ★ ★

Dawnsia,
i nodau brith y pibydd cornel-stryd,
i mewn ac allan o goesau'r siopwyr,
a'u dwylo'n llawn dyledion.
Dawnsia,
a'i bydysawd pedair-blynedd
wedi'i gau yn gylch o gân
yng nghanol mynd a dod
y miloedd masnachol ym marchnad Ponty.
Dawnsia,
i nodau brith y pibydd.
Yng nghanol y dref ddiannedd,
chwyrliasai ei hun drwy gylch ei chwarae
i'r byd diamser
dan y bryn.

Hercia,
drwy ymweadau'r farchnad-stryd,
yn grwm dan drigain mlynedd o'i fethiant,
a'i ddwylo crebachlyd a'i ên ddirasal
yn crynu i'r gerddoriaeth ddarniog a glywai
yn nefoedd rent-isel ei fedd-dod
wrth iddo lusgo'i sgidiau rhacsiog
drwy bapurach y palmant.
Cloffa,
i ganol llonydd y cylch o nodau cain.

Ac fe oeda,
a gwylio'r ysbryd ysgafndroed bach
yn gweu rhwyd ei rhedfa o'i amgylch ef
i'w glymu ef â'i gwibiadau hi,
i'w rewi ef â'i rhythmau hi.
A dechreua ef yn araf
dwrio ym mhoced ei gôt fudr,
a thynnu ei geiniogau olaf
a'u rhoi ar ei chledr lân.

Ennyd cyfnewid,
dau ben bywyd,
dau begwn bendithion byd.

Ac ymlaen â'i dawns,
i dôn ddiamser y pibydd;
ac ymlaen ag ef
i hercio ymaith drwy'r strydoedd llawn.
Egnïoedd anghymarus,
yr electron a'r proton,
yn gyferbyniol, yn gyd-ddibynnol;
hithau yn cydio'n dynn yng ngheiniog cariad,
ac yntau â thragwyddoldeb yn ei ddwylo gwag.

★ ★ ★

'Rwy'n gweld mai teithio ydy pwrpas taith;
'rwy'n dechrau deall castiau ysbryd Duw,
a gweld mai ennill ffydd yw colli'r ffaith.

'Rwy'n gweld brawdgarwch dyddiol bro ddi-waith,
yr hiwmor du a'r jocian yn y ciw,
'rwy'n gweld mai teithio ydy pwrpas taith.

Gweld plant y dôl yn gweithio dros yr iaith,
y Cymoedd yn pleidleisio 'Ie' yn driw,
a gweld mai ennill ffydd yw colli'r ffaith.

Tro ar y mynydd wedi diwrnod gwaith;
y fam yn cario'i babi 'lan y rhiw,
'rwy'n gweld mai teithio ydy pwrpas taith.

'Rwy'n dechrau deall gras sy'n diodde'r graith,
a deall fel mae marw er mwyn byw;
a gweld mai ennill ffydd yw colli'r ffaith.

'Rwy'n teimlo'r gwynfyd yn y gwacter maith
a bendith losg yr halen ar y briw.
'Rwy'n gweld mai teithio ydy pwrpas taith,
a gweld mai ennill ffydd yw colli'r ffaith.

★ ★ ★

Yng nghanol y cyfan,
mam a baban;
yng ngharreg y cerflun,
personau, perthyn.

Bendefiges Pen-rhys,
Iddewes ofidus,
dysg imi anrhydedd ansicrwydd,
dysg imi ddwyfoldeb distadledd.

Ar y groesfan uchel hon
rhwng dau gwm,
rhwng dau fyd,
dysg imi'r modd y troir
galar yn goron.

A'r modd y crea'r gwyll tywyllaf
y golau gwynnaf.

Tomb Raider

('*Can there be a Welsh Lara Croft?*'
Jean-Jacques Lecercle).[2]

Fe heriwn ymerodraethau;
fe heriwn Microsoft:
fe ailsgrifennwn raglen
rheoli Lara Croft.

O'n geto electronaidd
fe ddaw ar newydd wedd,
nid rheibiwr beddi mwyach
ond rheibiwr amgueddfeydd!

Nid lleidr beddi'r llwythau,
nid epil lord o Sais,
ond merch y gorthrymedig
â'u llafnau yn ei llais.

Ar ran pob hen ddiwylliant
a phob lleiafrif gwan,
fe ddaw i'r prifddinasoedd
i ddial ar ein rhan.

Mae'n dod i gipio'n chwedlau
o ffeiliau'r ysgolhaig.
Mae'n cario dryll dihysbydd.
Mae'n groenddu; mae'n Gymraeg.

Creiriau'r Celt a'r Eifftiad,
trysorau'r Nafaho;
chwelir eu cistiau gwydr,
dygir nhw'n ôl i'w bro.

Fe ddrylliai'r drysau haearn;
fe loriai filwyr lu.
Hei, Honci! Dyma Lara
i hawlio'n heiddo ni!

---

[2] Hwn oedd teitl darlith a draddododd yr athronydd Marcsaidd o Ffrainc, Jean-Jacques Lecercle, yng Nghynhadledd 'Chwileniwm', Prifysgol Caerdydd, yn Chwefror 2000, a fu'n trafod llenyddiaeth a thechnoleg. Lara Croft yw enw'r cymeriad yn y gêm fideo boblogaidd *Tomb Raider*. Merch yr Arglwydd Croft yw hi, a'i nod mewn bywyd yw anturio mewn twneli hen feddrodau'r Eifftiaid er mwyn dwyn trysorau, gan saethu pob gelyn a goresgyn pob anhawster y daw ar eu traws.

Atgof Amser Coll

I Marcel Proust yn Ffrainc, bisgedyn bach
 a ddaeth â blas y dyddiau coll yn ôl;
wrth frathu hwn, gadawodd hyn o fyd
 â briwsion ei orffennol yn ei gôl.

I finnau, nid bisgedyn amser te
 sy'n pontio amser fel i M'sieur Proust
ond brechdan facwn gyda *ketchup* coch
 yn frecwast hwyr yng nghaffi bach Llanrwst.

Cychwynnwn waith am chwech i lwytho'r fan
 â bara ffres o'r popty yng Nghoed-poeth,
a gyrru allan drwy'r boreau oer
 a'r llwyth yng nghefn y fan o hyd yn boeth.

A 'rôl cyflenwi holl dafarnau'r fro
 a'r caffis gyda'u bara, stopio wnawn
am frecwast hwyr o frechdan facwn dwym
 a mwg o de, i'n cadw tan y p'nawn.

A bellach, pan gaf frechdan facwn fawr
 daw'r dyddiau coll i mi, fel M'sieur Proust,
a minnau'n bymtheg oed, a'r bore'n oer,
 a sawr cig moch mewn caffi yn Llanrwst.

Tywyllwch

Ar ben y sta'r, gyda'r nos,
y petruso, yr aros;
y llais bach wrth gyrchu'r gwyll:
'Tyrd gyda mi – mae'n dywyll.'

A dringaf, a rhoddaf law,
ac awn ymlaen yn ddistaw;
a dirgelwch y drws du
drwy gariad yn diflannu.

Ar ben fy mlynyddoedd i,
y petruso, yr oedi.
Wrth syllu i'r gwacter hyll:
'Tyrd gyda mi – mae'n dywyll.'

Yn unig, dringaf yn uwch,
gan estyn llaw i'r düwch,
gan ddisgwyl, ar y trothwy,
i law gynnes ei chymryd hi.

Dysgu Dweud yr Amser

'Rôl oriau lawer yn astudio'r cloc,
  yn ceisio deall ei ystyron cudd
fe ddaeth y ddealltwriaeth fel'na – toc,
  a'r hyn oedd gynt yn dywyll fel y dydd.
A 'nawr cei wybod pryd mae'r bws yn dod
  i'th gipio di o'th frecwast at dy waith,
cei wybod pan mae'n amser iti fod
  yn cysgu yn dy wely, wedi saith.
Ac ar dy arddwrn tenau clymwn rodd
  o oriawr rad yn brawf o'th allu mawr,
yn dyst mewn arian sgleiniog nad oes modd
  dychwelyd at dy fyd diamser 'nawr.
Cei ddweud yr amser, bellach, 'mechan i;
ond beth a ddywed amser wrthyt ti?

Llun Casglu

Ddegau o weithiau, mae'n rhaid,
y bues yn eu hel,
y petryalau bach sgleiniog,
yn loyw â bywyd a ddaeth i ben.

A phob un yn gwenu'n ddibryder arnom
– rhai â gwenau a bliciwyd bob tro
o albwm y teulu
gan y bysedd ffwndrus
i'w hanfarwoli am wythnos
ar bapur rhad rhecsyn y cwm.

Damweiniau, tanau, llofruddiaethau,
clefydau sydyn, gwrthdrawiadau.
A'r gwenau'n herio amryfal ffurfiau angau
fel pe dewisid eu gloywder bywiol
yn unswydd er mwyn dyfnhau düwch eu diwedd.

Mae'n amser maith ers hynny, 'nawr,
ond gwelaf yr wynebau o hyd,
bob tro'r edrychaf drwy albwm fy nheulu,
bob tro y daw'r pecyn o luniau newydd o'r siop.
Gwelaf wynebau anwyliaid,
gwelaf fy wyneb i,
a phob gwên yn un derfynol,
wedi'i fframio gan bennawd du.

Mynd yn Hen

Pan mae gweithwyr newydd yn dy alw'n 'chi'
   flwyddyn ar ôl dy adnabod di;
pan ddewisi gar am faint ei gist
   nid maint ei beiriant – diawl, mae'n drist;
pan weli yn nrych dy wardrob di
   fod dy ben yn rhy hen i dy grysau T,
'ti 'di cyrraedd canol oed.

Pan mae dosbarthwyr taflenni clwb nos yn y stryd
   yn edrych heibio iti o hyd;
pan mai'r peth pwysicaf wrth ddewis gwesty
   yw bod ganddo glwb hamdden i dy gadw di'n heini;
pan weli dy dad yn y drych wrth siafio,
   pan mae ffrindiau'n awgrymu Grecian *2000* – a'i *feddwl* o,
'ti 'di cyrraedd canol oed.

Pan wyt ti'n hŷn na'r hyna' o feterans tîm Cymru;
   pan 'does dim siawns cael dy gonsgriptio i'r armi;
pan fedri di – o'r diwedd – fforddio dillad ffasiynol,
   ond yn methu eu gwisgo heb olwg annynol;
pan ei di i'r Eisteddfod am y pafiliwn,
   a gwylio'r teledu'n y tŷ ar Nos Galan,
gan gofio'r Chwedegau wrth groesi'r Mileniwm,
   'ti 'di cyrraedd canol oed.

Coleg Diwinyddol Mihangel Sant, Caerdydd

Ni wn a ydych yn eich gweld eich hunain
fel gwrthrychau cenfigen.
Ond dyna'r hyn ydych i mi.

Pan af heibio i'ch ffreutur golau
bob nos am chwech ar fy ffordd o'r gwaith,
cymeraf gip ar eich swper nosweithiol,
yn deulu mawr wrth y byrddau hirion
yn eich corlan arddull-gothig
dan lun o'r Forwyn Fair.

Nid gwrthrychau cenfigen i'r byd ydych
pan agorir giât eich ffald
a phan fentrwch allan yn eich coleri chwerthinllyd
a charpiau truenus eich cred.

Ond minnau, 'rwy'n cenfigennu
wrth weld, drwy'r gwydr, eich cymdeithas yn gyfan
yn eich 'stafell olau
wrth imi deithio heibio
i'r nos.

Harddwch

Mae'n anodd, ambell waith, i dynnu sgwrs,
  â phlant dy ffrindiau. Wel, o leia' i mi:
i rai mae'r peth yn dod yn hawdd, wrth gwrs,
  ond, rywsut, nid 'wy'n gallu dal y lli.
Beth bynnag, wrth ymweld â ffrind ryw dro
  mi dynnais sgwrs â'i eneth bedair oed,
a chael yr hanes, gyda llygaid llo,
  mai ei hathrawes oedd y berta' 'rioed.
A, rywdro wedyn, rhoddodd imi lun
  o'i dosbarth, a'i hathrawes, gyda gwên,
a synnais at fy nhybiaeth i fy hun:
  nid ieuanc moni hi ond menyw hen.
Rhag c'wilydd imi honni bod yn fardd
heb weld bod cariad yn gwneud pawb yn hardd.

Cariad

Peth rhyfedd yw bod yn garedig;
   peth rhyfedd yw bod yn hael –
po fwya' o gariad a roddi di,
   mwya' oll sydd ar gael.

Mae'n groes i holl reolau ffiseg,
   mae'n drysu deddfau'r byd –
'waeth faint o gariad a roddi di,
   cei fwy i'w roi o hyd.

Mae'n crynhoi o gael ei afradu,
   mae'n tyfu o'i wario'n rhydd,
po fwya' ohono a delir mas,
   mwya' ohono sydd.

Cnydau

I be' mae'r geiriau yma'n da
am gnydau'r caeau ddiwedd ha'?

Mae silwair, glaswellt, brwyn ac ŷd
i un o'r dre' 'run fath i gyd.

Barlys, gwenith, haidd a cheirch –
i mi maen nhw i gyd yn fwyd i feirch.

Pa ddiben gwybod deuddeg gair
pan fo pob peth sy'n tyfu'n wair?

A llawer symlach inni i gyd
yw gweld pob cae yn gae o ŷd.

Ac oni fyddai'n llawer gwell
cydnabod bod pob cnwd yn wellt?

Johnnie's[3]

(Y siop gynta' yng Nghymru i werthu dim ond condoms)

Heb ofn gwg na golwg gas – mewn i'r siop,
   mynna'r sach ag urddas.
  Yn y man cei gamu mas
  yn barod – heb embaras.

---

[3]Diolchaf i Aled Gwyn am ei gymorth gyda'r englyn hwn.

Peerless Jim Driscoll[4]

Gwyddel digymar Cymru,
dychryn byd dy ddyrnau di;
dy dde sydyn yn ffrwydro
ar ên yn drwm fel dram glo,
dy chwith yn dod o 'nunlle
fel cadwyn craen Tiger Bay.
Y *champ*, arswyd pencampwyr,
â'r llaw ddur i lorio gwŷr;
y *pro* perycla' erioed,
a dewrion byd wrth dy droed.
Cofnodwn yma mewn efydd
ddyrnau caleta' eu dydd,
ond mwy nag unrhyw ornest,
mawr wyt am yr hyn na wnest:
y tro pryd y'th ddyfarnwyd
yn gydradd am deitl byd,
America'n mynd o'i cho'
am ail ornest i'w setlo
a byd yn mynnu iti
ei chymryd, a'i hennill hi.
Ond naddo, daethost sha' thref
i gadw gair â chartref
i blant amddifaid Caerdydd
lle'th fagwyd. Cedwaist y ffydd.
Cadw addewid oedd raid,
colli gwobr, cadw enaid.
Wyddel y dwylo difaol,
dy fenter oedd troi yn ôl;
ymatal oedd d'arwriaeth,
dy ryddid, aros yn gaeth,
a llawryf mwy na llwyddiant
oedd methu – er mwyn y plant.

[4] Ceir cerflun o 'Peerless' Jim Driscoll, y pencampwr bocsio o Gaerdydd, yn Sgwâr Bute, Caerdydd. Yn America ym 1910, ymladdodd Driscoll am deitl Pwysau Plu y Byd yn erbyn yr Americanwr Abe Atell. Yn y cyfnod hwnnw, nid oedd modd ennill ar bwyntiau – os oedd y ddau focsiwr yn dal ar eu traed erbyn diwedd yr ornest, ni fyddai canlyniad yn cael ei gyhoeddi. Dyna a ddigwyddodd, ond barn pawb y noson honno oedd mai Driscoll oedd orau, ac fe gynigwyd gornest arall iddo er mwyn setlo'r mater. Ond 'roedd y Cymro eisoes wedi addo bocsio mewn sioe elusen ar gyfer Nazareth House yng Nghaerdydd, a byddai aros am ail ornest yn America wedi golygu torri ei air. Hwyliodd yn ôl i Gymru, gan ildio'r siawns o fod yn bencampwr byd. Hyd heddiw mae lleianod Nazareth House yn gofalu am ei fedd.

Jeremy Brett[5]

Dan golur d'alwedigaeth
fe guddiaist olion dy graith;
a chelu dan eiriau'r rôl
dy artaith mud mewnol.

Dysgaist eiriau dy awdur,
a dysgaist gariad o'th gur;
dysgaist bwrpas o'th boen di,
o ddioddef, dosturi.

Cofiaf y ferch ifanc sâl
a ddaeth at sylw d'ofal,
'rôl sgwennu llythyr annoeth –
ac ateb ffôn i'th lais coeth.

Bonheddwr pob derbyniad,
cyflwynaist yn ddi-sarhad
i'th holl gydnabod o fri,
'Fy nghyfeillion o Gymru'.

Nosweithiau cyntaf, partïon,
i Lorna'r ymwelydd llon,
yr eneth o bentre'r glo
yn dy gwmni'n blaguro.

Ac er i'r llen ddod cyn pryd
ar anterliwt dy adfyd,
cofiwn dy rôl fwyaf di –
disgleiriaist mewn trasiedi.

---

[5]Am flynyddoedd cyn ei farwolaeth annhymig ym 1995, bu Jeremy Brett, yr actor
enwog a adwaenir orau am ei bortread teledu o Sherlock Holmes, yn gyfeillgar â
mam a merch o fy mhentre genedigol, Coed-poeth, wedi iddynt ofyn i gyfarfod ag ef
ar ôl un o'i sioeau. Fe flinid Jeremy Brett gan byliau rheolaidd o iselder ysbryd dwys
iawn, ac fe fu'n nodweddiadol am ei gydymdeimlad gydag unrhyw un a brofai
anhwylder iechyd.

Gwenllian

O grud Eryri wedi cwymp y sêr,
    fe ddygwyd gobaith Gwynedd yn ei phais,
a chan fod celloedd rhyddid yn ei mêr,
    ei chloi fel lleian lwyd yng ngwlad y Sais.
Bu'n drylwyr, ein concwerwr – lladd y tad
    a chladdu'r ferch cyn dechrau'i bywyd hi,
a cheisio sgwrio llechen cof ein gwlad
    i ddifa enw'n tywysoges ni.
Saith canrif wedyn, deuwn yma 'nghyd
    at faen sy'n nodi man dy gladdu'n fyw,
i dystio i anfadwaith gerbron byd
    a dwyn dy ofnau dyflwydd gerbron Duw.
Gwae ddoe a leddfir 'nawr, mae'r cylch yn llawn;
nac wyla, 'mechan; mae pob dim yn iawn.

Gwreichionen

Dyma fo, dyn y fwyell,
y dyn a dorrodd edafedd gyrfaoedd degau
heb bleser,
ond heb boeni,
yn broffesiynol, yn boléit,
ond mor sicr â sgalpel.

Dyma'r un a gymerodd awdl faith o staff
a'i golygu fel prifardd
nes ei bod yn gywydd tynn.

Wrth drafod polisi corfforaethol
dros y cwrw cyfrif-treuliau,
sylwaf ar ei lafn o wyneb:
nid oes arno filigram o bwysau gwastraff
na'r un man tyner,
nid yn y geg wellaif,
nac yn y llygaid cyllyll.

Nes imi sylwi,
ar liw-haul ei groen,
a oedd yn llyfn a brown fel bwrdd 'stafell gynhadledd,
fflach o oleuni.

Goleuni,
yn wincio arnaf yn ysbeidiol,
ond yn anwadadwy,
o ryw lychyn bach o gliter ar ei foch.

Gwyddwn beth ydoedd,
a minnau'n dad i ddwy:
un o beryglon magu merched bach;
y cusan boreol sy'n gadael gronyn
o gliter eu gwallt parti ar dy groen.

Ac wrth inni sgwrsio am gostau,
ac am y brwydrau bwrdd-rheoli
a fydd mor anghofiedig flwyddyn nesa'
â gwleidyddiaeth Bysantiwm,
mi wyliais y wreichionen anfeidrol fechan honno
yn chwarae mig â'r haul.

Dyled

Ymwelydd o Loegr, beth yw'r dref hon i chi?
Enw i'w gam-ynganu.

Sylwebydd Seisnig, beth yw'r cymoedd i chi?
Hanes i'w gam-ddehongli.

Gwleidyddion Llundain, pwy ydym ni i chi?
Cymry i'n cam-reoli.

Croeso; fe gewch chi groeso'n siŵr –
'does wybod pa friwsion a ddaw o'ch llaw i ni;
a ninnau wedi arfer
â gwên yn lle'r gwirionedd.

Chi, nid ni, sydd â'r grym.

Ond peidiwch â chyfrif
eich llwyddiant yn haeddiant;
peidiwch â chamgymryd
croeso am gyfiawnhad.
Chi, nid ni, sydd â dyled i'w thalu.

Branwen

Branwen

Feddylioch chi mai dyna oedd fy niwedd,
y marw chwaethus, di-waed,
mor weddus i ferch a'i rhan yng ngêm y bechgyn ar ben?
Feddylioch chi mai dyna oedd y cyfan,
y galar am y gwrywod,
a'r bedd petryal twt?

Ni wyddoch ddigon am golled.

Mae'n dderbyniol, on'd yw, i'r giang fynd 'mlaen
o ddyfroedd edifeirwch,
i adar Rhiannon weini ar eu hamdden,
nes i'r criw o grytiau, o'r diwedd,
gladdu pen gwaedlyd eu capten yn y tir
fel ataliad niwcliar,
i aros yr armagedon nesaf?

Ni wyddoch ddigon am gariad.

Mae'n naturiol, on'd yw, lle menyw yn y mabinogi?
Gweini, geni, galaru.
Y werin wyddbwyll oddefol
yn nwylo amcanion dyn.

Ni wyddoch ddigon am greu.

Fe ganiatewch i Frân ei anfarwoldeb
yn gwylio am elyn am byth:
ond ni chofnodir, ym memrwn milwriaeth,
mai difarw hefyd fu fy edifeirwch i.

Fe'm hailenir bob dydd.

Yn y Wyddeles a wêl ei bachgen yn y gell
yn llwgu'n 'sgerbwd i droi ei freuddwyd yn gnawd.
Y Brotestanes a wêl ei gŵr yn gelain
am iddo weld ewyllys Lloegr yng ngeiriau'r Beibl du.

Y Saesnes na wêl mwyach ei thad
am iddo dalu am bechodau'i dadau.

Aileni, ailgenhedlu, ailgolli.
Nawddsant dioddefaint dwy ynys,
yn ddiorffwys drwy'r oesoedd;

yn gwylio ac yn galaru
na chlywir drudwy fy neges i.

★ ★ ★

Milwr Prydeinig[6]

Gwn?
Check.
Bwledi?
Check.
Radio?
Check.
I.D?
Check.

Clymaf fotwm ucha'r iwnifform.
Bydd angen ei chynhesrwydd y noson hon
fel ar bob noson
ar lonydd cefn-gwlad De Armagh.

Yr un yw'r drefn cyn pob patrôl,
cyfarfod yn y gardrwm,
sy'n oriel o wynebau'r gelyn,
a llais ysgol-fonedd y swyddog
yn dweud pa rai o'r gweriniaethwyr hyn
sydd â'u traed, am y tro, yn rhydd.

'Remember, these people are scum.'

Ac allan â ni.

Mae'r lle'n syfrdanol o saff yr olwg,
arswydus o gyfarwydd.
Vauxhalls ar y ffyrdd,
East Enders ar y teli,
Stella yn y dafarn.

Ond angau rownd pob cornel.

Nos G'lan Gaea',
bwci ar bob camfa.

Nos yn Ne Armagh,
bom ymhob car.

Nid hyn oedd fy mwriad wrth ymaelodi.
Dim ond eisiau parch yr o'n i;
eisiau swagro dipyn gyda'r mêts,
nid prowla fel lleidr drwy'r pentre' fel hyn,
yn cadw allan o olau lampau'r stryd,
yn osgoi llygaid y bobl;
yn teimlo oerni eu casineb ar groen fy ngwar
fel baril gwn.

★　★　★

Branwen

Nid oes gennyf gysur iti,
ti y mae dy feistri'n fodlon
gweld dy chwythu'n ddarnau bach
i gadw Prydain Fawr.

Dos di'n ôl at dy famwlad
cyn iti ddechrau mwynhau
yr ofn a ddaw i'r llygaid
wrth iti agosáu.

★ ★ ★

Gwyddel

'Dwi'n gwylio eu rhaglenni ambell waith,
am newid,
pan syrffedaf ar angelws RTE am chwech.
Ie, mae'n rhyfedd,
cael gwylio'r byd am hanner awr drwy lygaid y BBC,
drwy lygaid y Sais.

Rhyfeddach fyth yw gwylio'u golwg arnom ni –
eu gwleidyddion yn gwaredu fel genod rhag ein gynnau
yn condemnio fel saint ffrwydradau'n casineb.

Llew yn edliw i chwannen ei brath.

Mae eu syndod at ein dicter
yn syndod ynddo'i hun.
Be'n enw'r diawl maen nhw'n ei ddisgwyl?
Diolch am ganrifoedd y gefynnau,
am gaethiwo'n cred, am newynu miliynau,
am hela'n hiaith o'r tir fel pla.

Diolch am anharddu'n harwyr yng nghelloedd y Castell,
am adael ein hawliau dynol
yn garpiau gwaedlyd ar strydoedd Derry,
diolch am ddarnio pair ein pobl, a rhwygo'n daear
                                        yn ddwy?

Wedi'r fath ddrwg, pa ddiolch?
Pa ryfedd y dicter?

Yr unig beth a ddylai dy synnu,
Sais,
yw nad yw'n casineb yn fwy.

★ ★ ★

Branwen

Mae hud cryfach yn creu'r pair
na'r dial sy'n dryllio'n bedair.
Cryfach yw'r tristwch sy'n torri calon
na'r grym sy'n hollti'r atom,
a chryfach y cariad yng nghroth mam
na'r cas a hyrddia'r cread i'r fflam.
Ar yr union raglenni, wele dystiolaeth
newydd-deb buchedd, eich buddugoliaeth.

Ymhlith ffoaduriaid o Gwrdiaid,
lleian o Kildare yn lleisio'u cam.
Yng nghanol newynog Affrica,
gwirfoddolwr o Wyddel yn llenwi'r dwylo gwag.
Mewn uffern ysbyty rhyfel,
llaw'r gwan mewn llaw Gwyddeles.

Pan aiff trysorau'r cenhedloedd i'r glorian,
dyrnaid o lwch fydd elw'r mawrion,
torch o aur fydd enw Iwerddon.

O'ch rhyddid, allforiwch heddwch;
o'ch dioddefaint, daioni.
O'ch trallod, i'r Trydydd Byd,
fe gludwch, nid arfau, ond aberth.

Yng ngharchar eich dyddiau du,
dysgasoch gân f'aderyn i,
a thystiwch 'nawr gerbron y byd
mor wynfydedig yw gwendid

★ ★ ★

Cymro

Gwynfryn y Mabinogi fu hwn,
man claddu'r pen bendigaid.

Yn awr mae'n gofeb i'r *conquistador*,
a dyrnaid o gigfrain Cymru
yn wystlon yma 'Nhŵr Llundain
i gynnal chwedl a ladratawyd gyda'r tir –
y daw diwedd ar Brydain pe gadawent.

Mae'n set wag i opera sebon
a lanwodd fileniwm gwaedlyd;
difyr, mae'n siŵr,
pe na buasai'n cenedl ni
wedi darparu cymaint o'r gwaed.

Dyma Emau'r Goron,
cistiau costus yn eu cell dan-ddaear,
yn edrych fel 'trysor byd' yr hen emynau
y bu'n rhaid ei wrthod os am fyw.

Ond ni wrthodwyd y rhain, bid siŵr,
a'u balchder deiamwnt
dan glo tan ddydd y farn.

A dyma galon garreg y tŵr ei hunan,
sanctum sanctorum y Sais,
yn llawn o'r seler i'r to ag arfau rhyfel;
pum llawr sgwâr o boen.

Ai dyma dy gysegr pennaf, Loegr:
clamp o focs tegan o drais?
Ai dyma dy hyder wrth orsedd barn:
uffern o offer artaith?

Mwynheaist oesoedd o ofn,
yn byw ar gaethiwo'r byd.
Ac 'nawr mae d'enaid yn gaeth
yn dy ddwrn o deyrnas,
yn farw dan wydr dy hunan-dyb
gyda'r goron a'r cleddyf
yn arddangosfa dy anghyfiawnderau.

Cefaist dy wobr eisoes:
y llwyddiant sy'n lladd.

Gigfrain, ymaith â chi.

★ ★ ★

Branwen

Na, rhy hawdd o lawer,
dy chwedl chwarae-plant,
dy ddiweddglo dialgar.

Nid cigfrain celanedd sydd â'r gyfrinach,
ond drudwen y ddioddefus,
yn herio'r ddrycin rhwng gelynion gyda'i chân.

Ymhob oes, fe ymbiliais;
a throdd dyn fy neges yn drais.

Fel erioed, 'rwyf yn erfyn:
fy mrodyr, rhowch ddiwedd ar hyn.

Dere, gawr, i Iwerddon,
ond â chymod, nid â chledd;
â phenyd, nid â phoen.

Na thafla dy feibion di,
na meibion neb, i'r tân;
ond tafla gorff dy falchder mud i'r pair.
Ti a gei harddwch huawdl yn ôl.

A fynno urddas, bid isel,
a fo ben, bid fach.

Drwy dy hanes oll, dyma dy sialens eitha':
ymerodraeth, ymddiheura.

Ar lan Alaw torcalon,
mae man cwrdd i elynion:
fy mrawd, rho dy fawrdra i'r llwch,
cei faddeuant, cawn heddwch.

---

[6]Yn ystod y Nadolig a'r Flwyddyn Newydd 1986/87, treuliais wythnos fel newyddiadurwr gyda Chatrawd Frenhinol Cymru yng Ngogledd Iwerddon ar adeg pan oedd llawer o drais a lladd ar y ddwy ochr. Seiliwyd y gerdd hon ar y profiad hwnnw. Cafodd y gyfres gyfan hon ei hysgrifennu pan oedd y trais yn dal i ddigwydd.

Dynion Oddi Cartref

Mae gen i gyfrinach
am yr hyn mae dynion yn ei wneud,
pan maen nhw oddi cartref,
ymhell o olwg hollwybodus y wraig
a chlebar y plant.
Mae gen i gyfrinach am yr hyn a wnânt
pan maen nhw'n crwydro oddi cartre',
yn griw o hogiau mewn byd dibartner –
mewn byddinoedd, timau rygbi, giangiau gwaith.
Wnân nhw byth gyfaddef wrthych chi na neb,
gan ormod cywilydd,
yr hyn a wnânt
â merched bach,
a bechgyn weithiau,
hyd yn oed â chŵn.

Sef…
eu mabwysiadu,
tynnu wynebau,
chwarae â nhw,
eu hymgeleddu,
yn fyr, i fod yn dadau am y tro.

Addewais i gyfrinach ichi, yn' do?